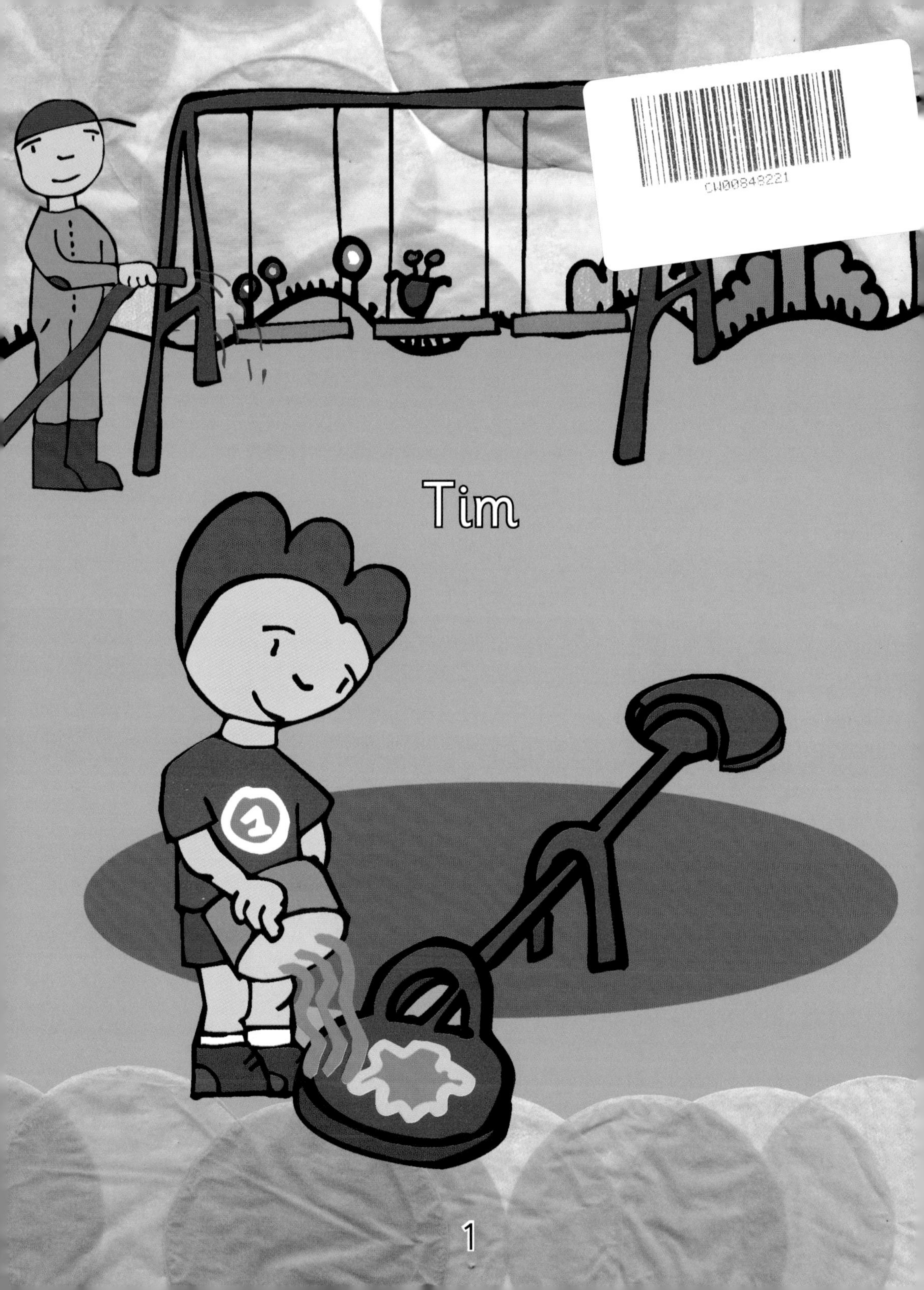

Tim

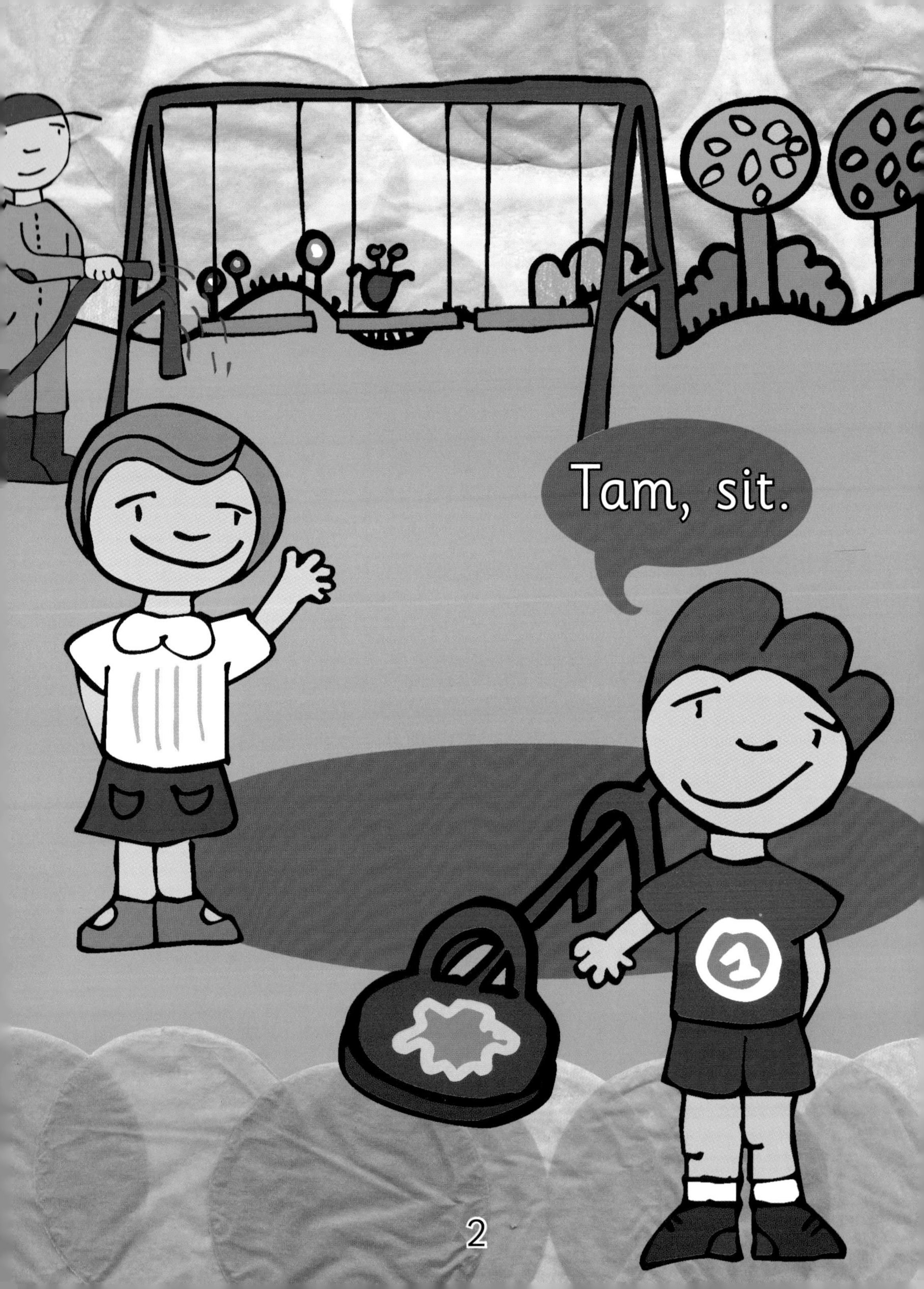
Tam, sit.

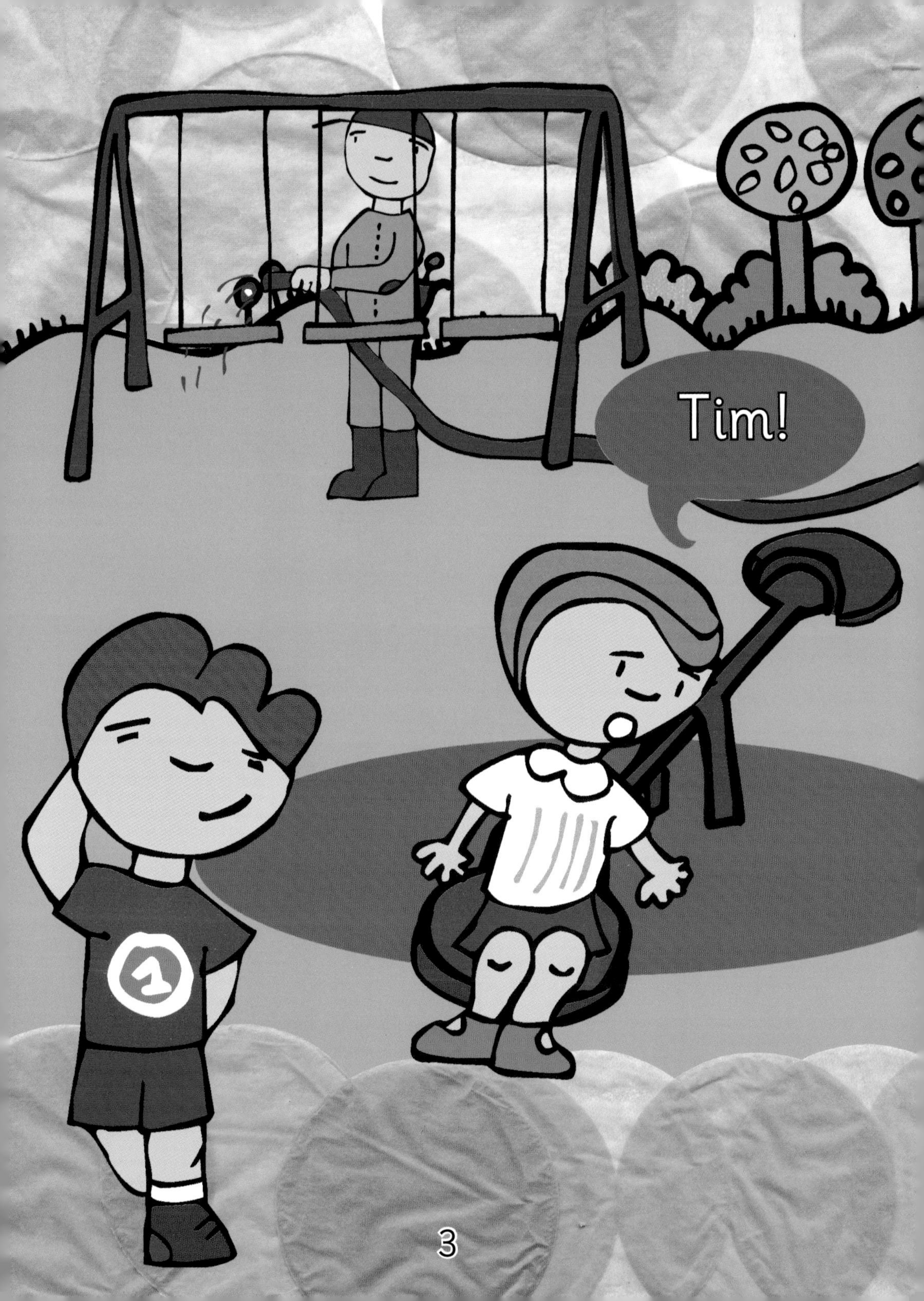
Tim!

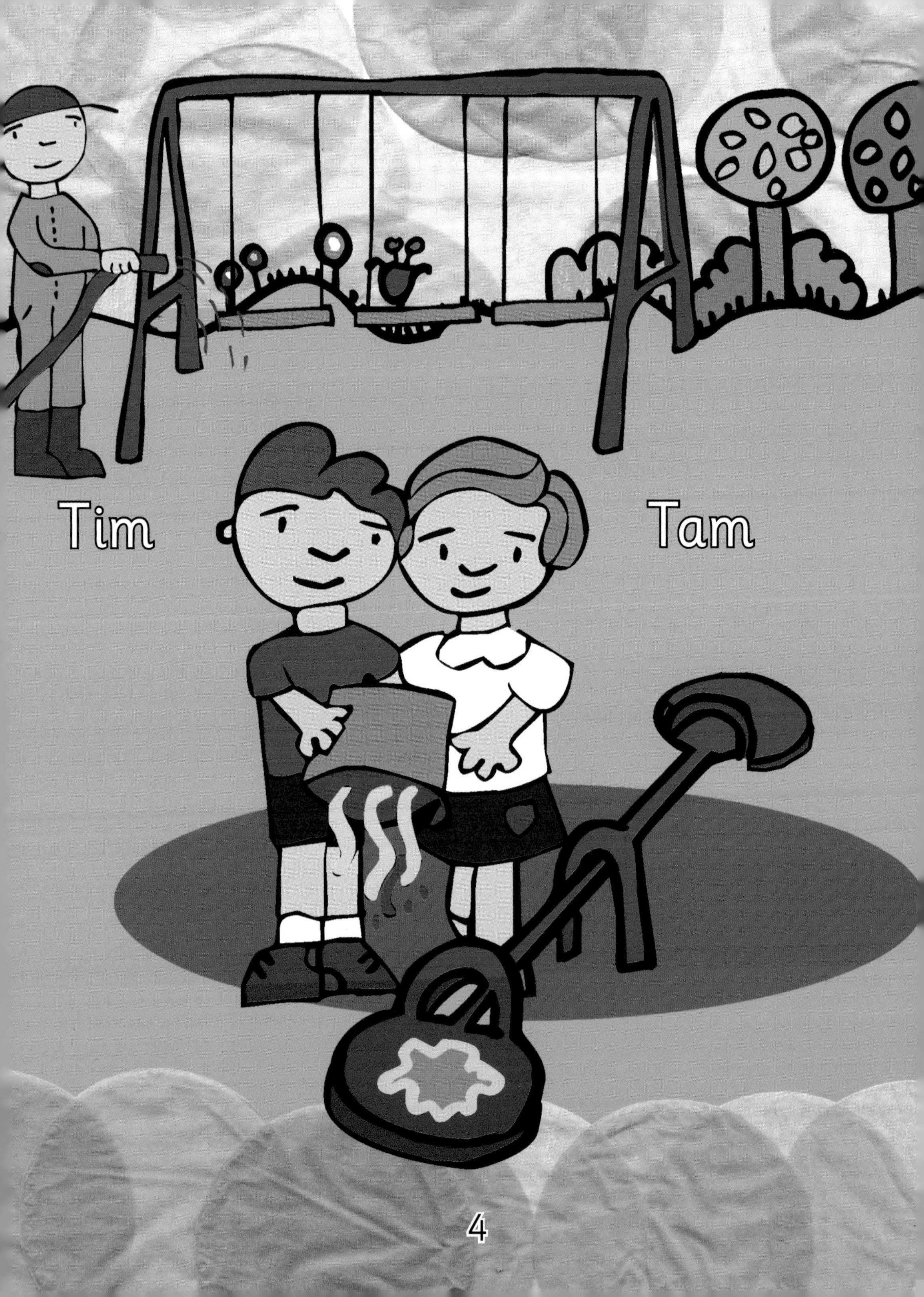
Tim
Tam

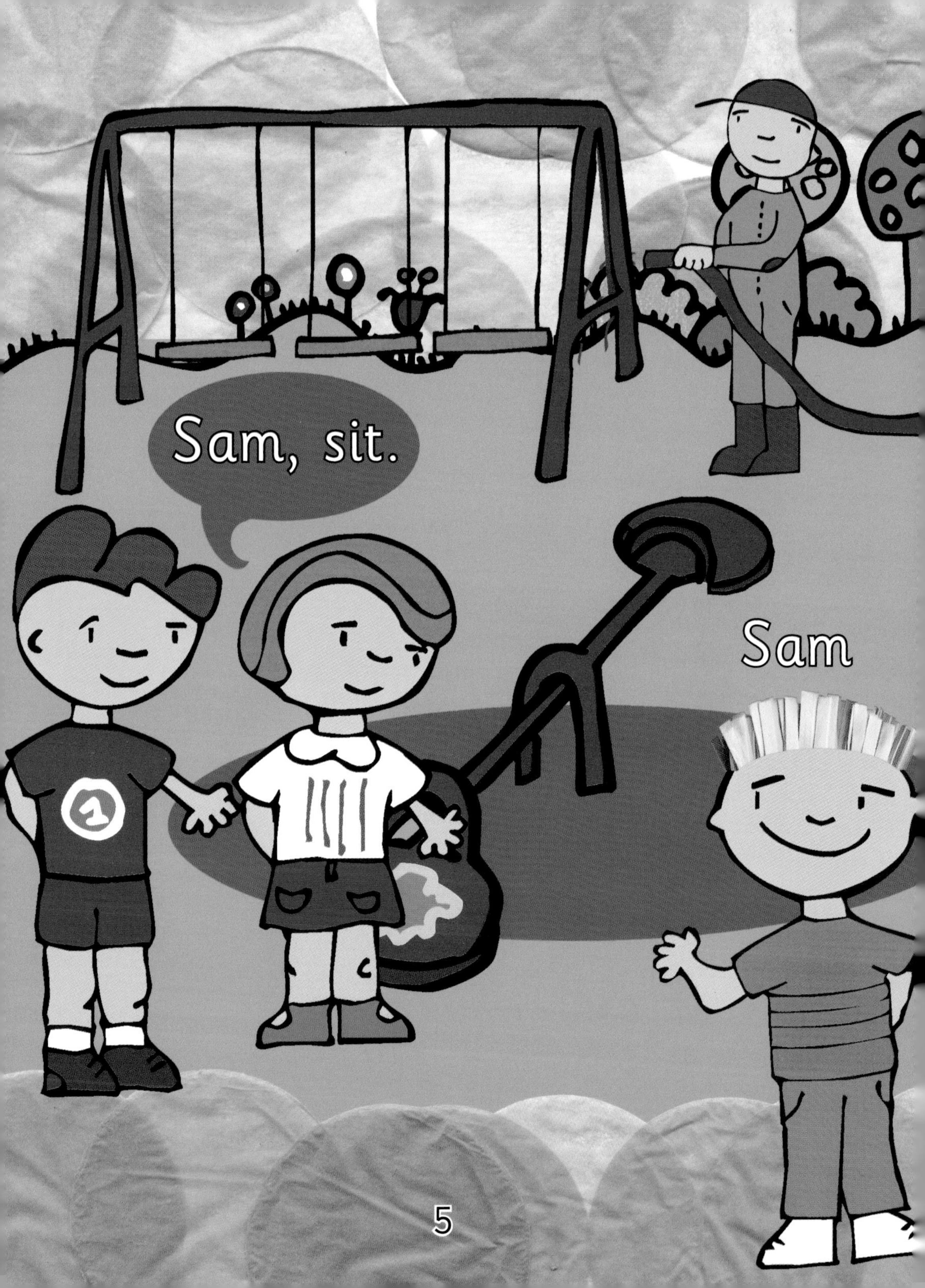
Sam, sit.
Sam

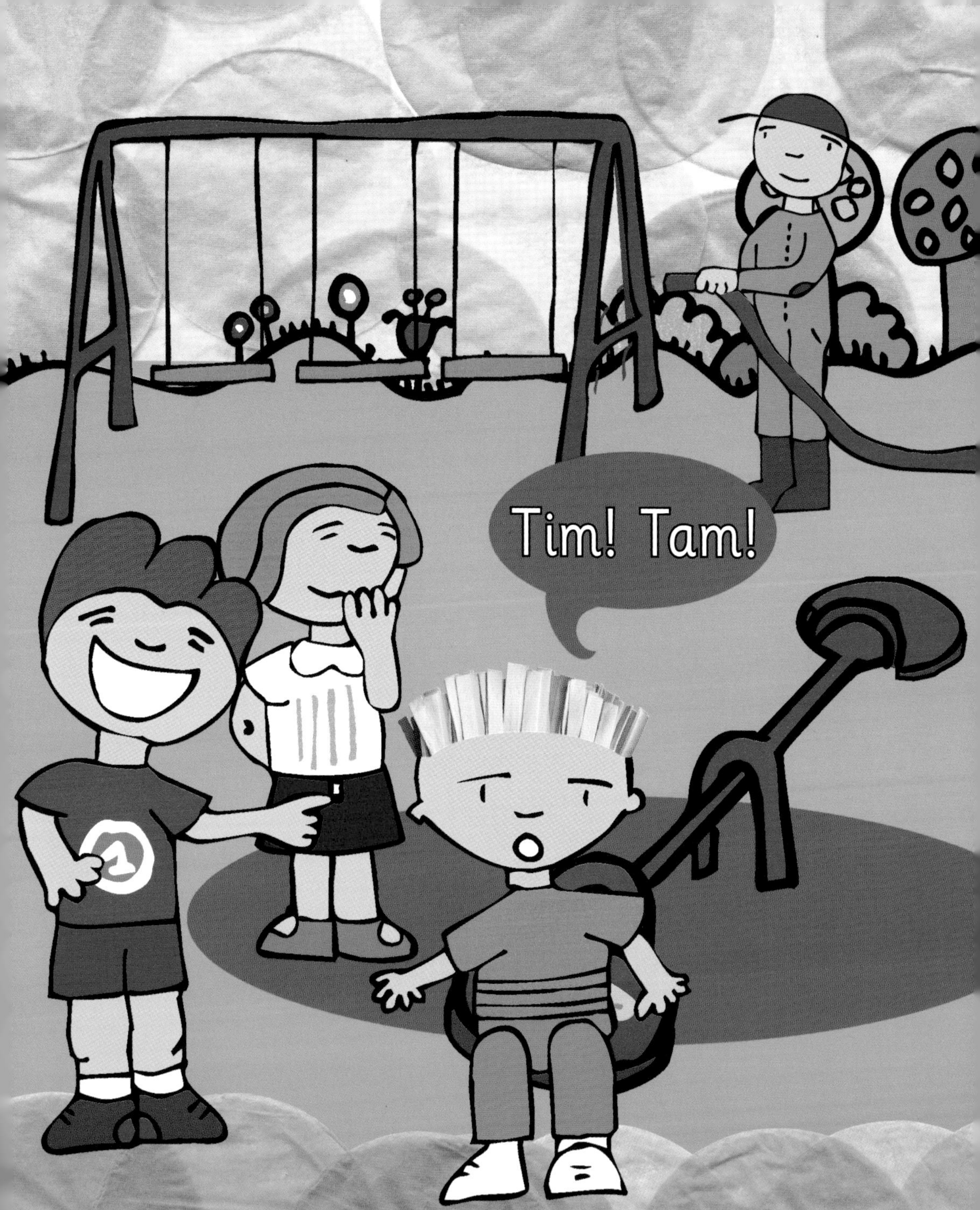
Tim! Tam!

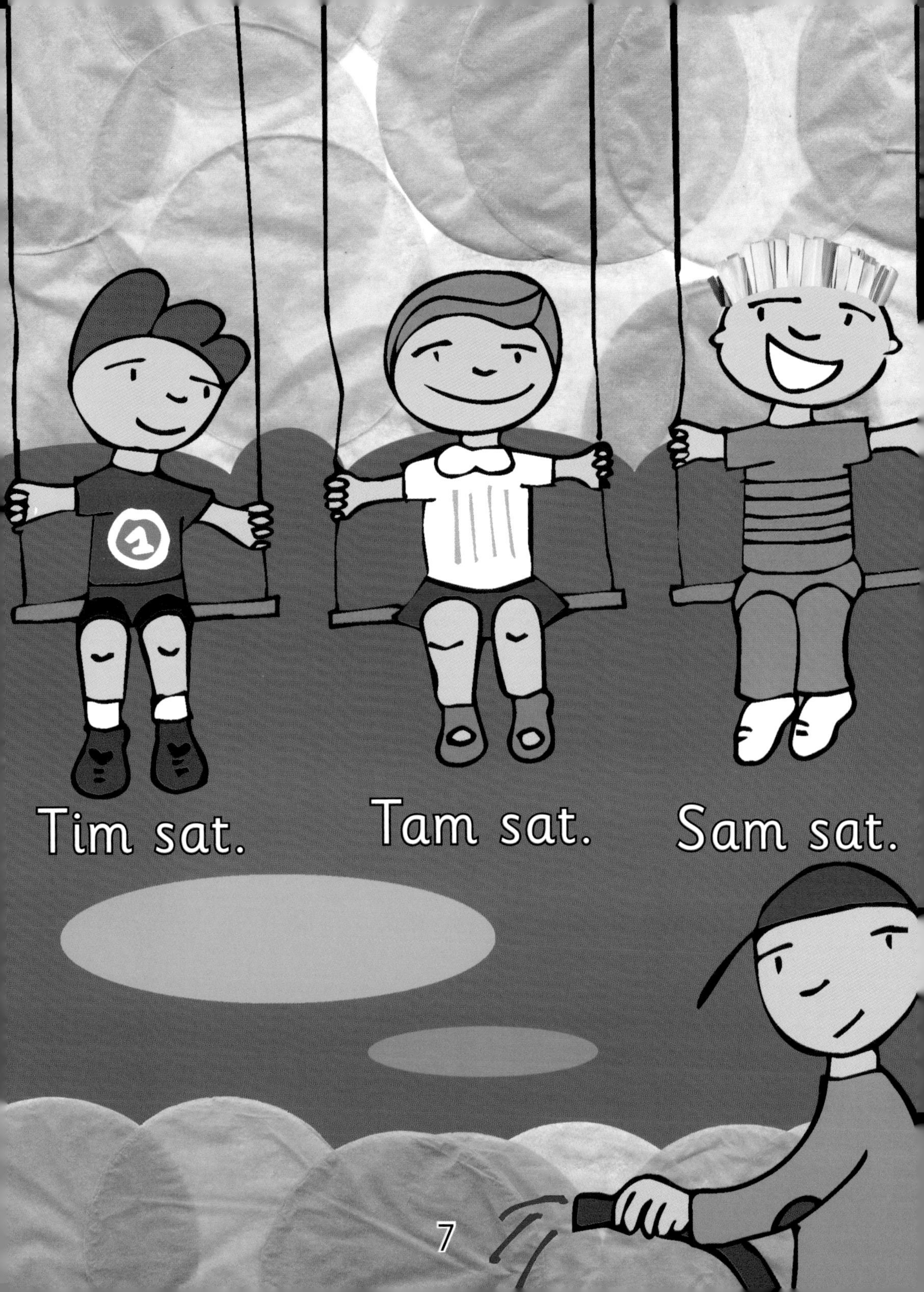

Tim sat. Tam sat. Sam sat.

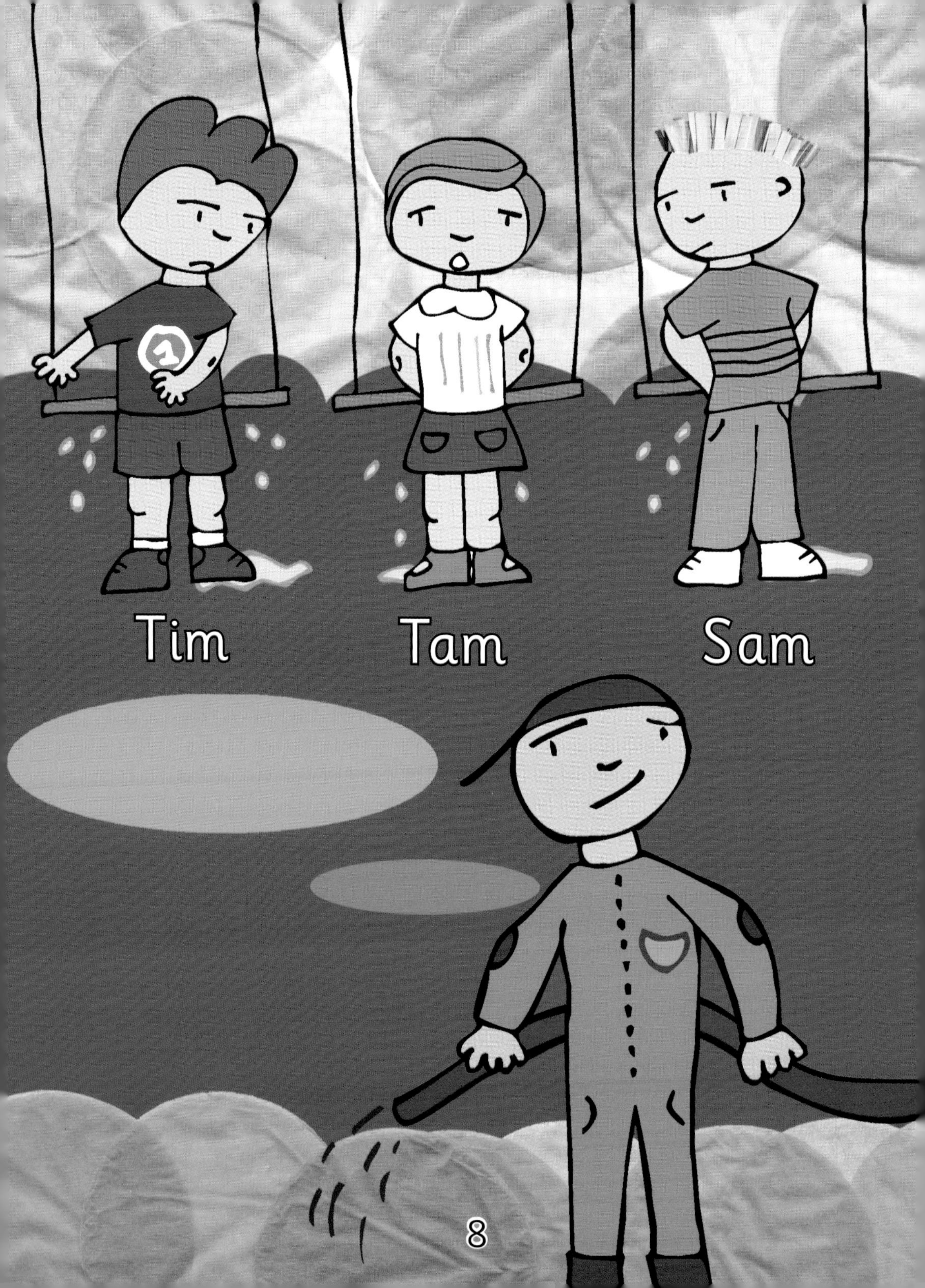
Tim
Tam
Sam